"Pages actuelles"
1914-1917

Les

Commandements de la Patrie

PAR

M. Paul DESCHANEL

de l'Académie française et de l'Académie des Sciences morales et politiques
Président de la Chambre des Députés

BLOUD ET **GAY**, Editeurs

PARIS ▪ BARCELONE

Les
Commandements de la Patrie

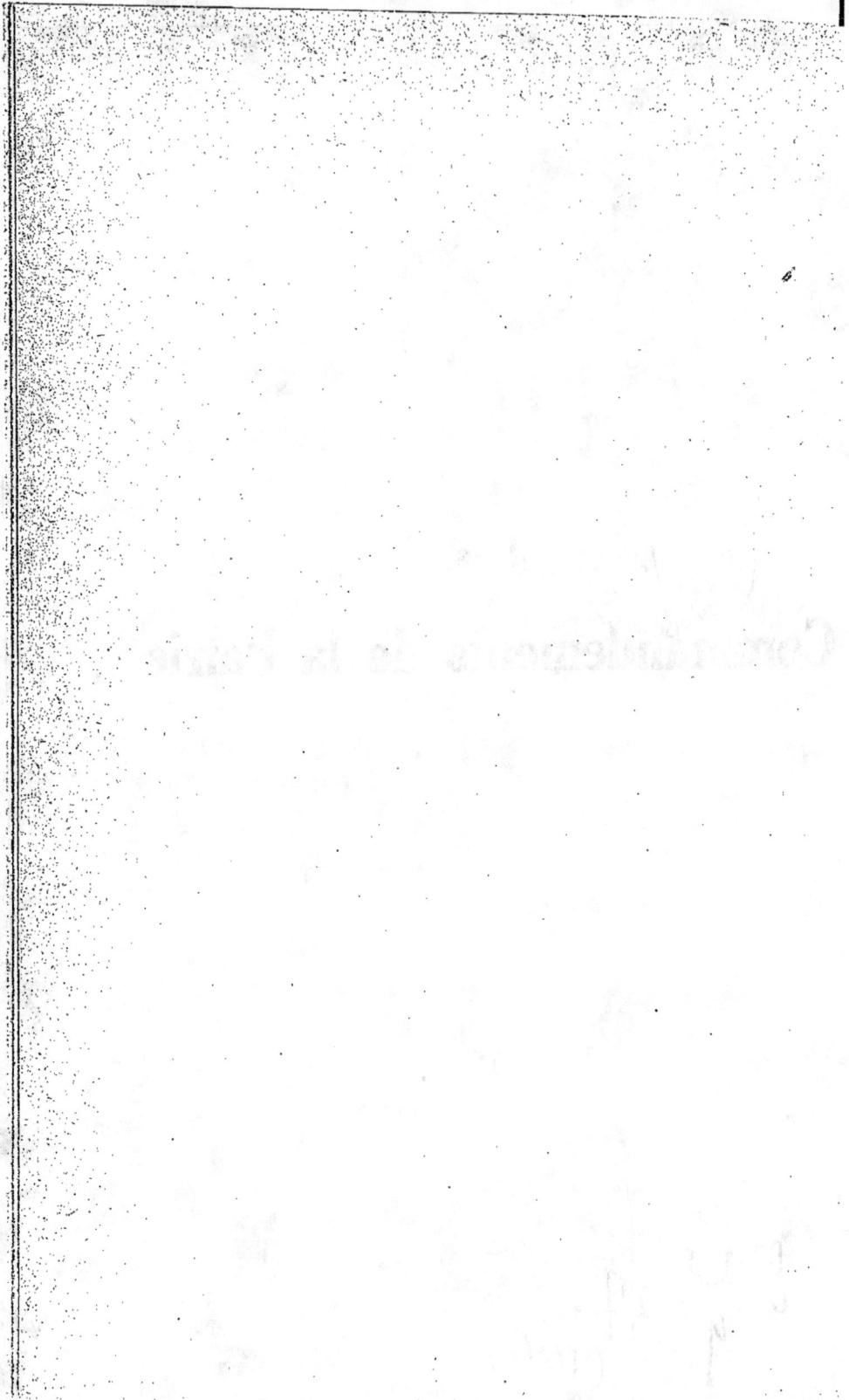

Considérations de la matière

"Pages actuelles"
1914-1916

Les
Commandements de la Patrie

PAR

M. Paul DESCHANEL

de l'Académie française et de l'Académie des Sciences morales et politiques
Président de la Chambre des Députés

BLOUD & GAY
Editeurs
PARIS, 7, Place Saint-Sulpice
Calle del Bruch, 35, BARCELONE
1917

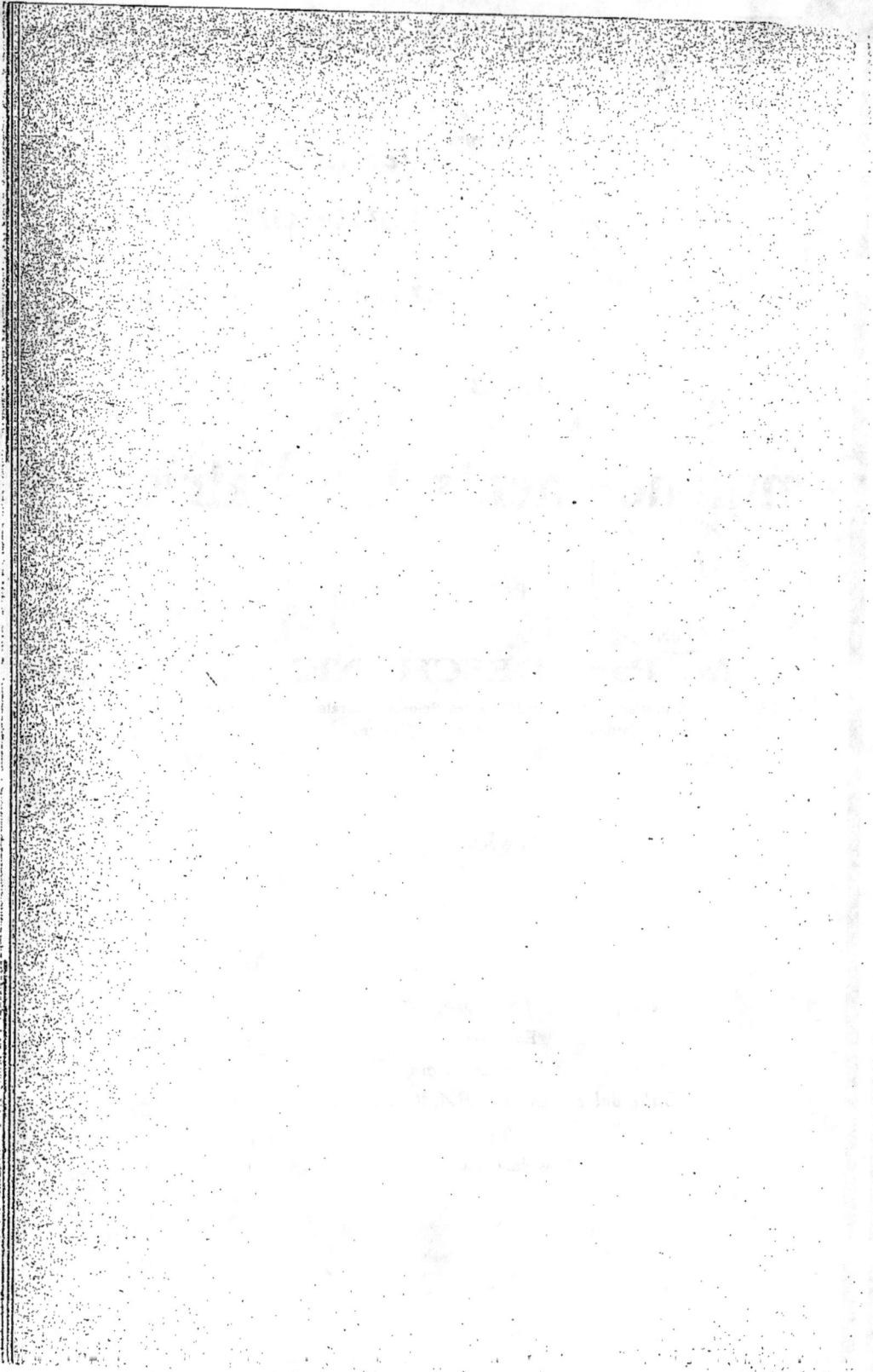

I

LE DROIT
PRIME LA FORCE

CHAMBRE DES DÉPUTÉS

Séance du 22 Décembre 1914

Extrait du *JOURNAL OFFICIEL*
du 23 Décembre

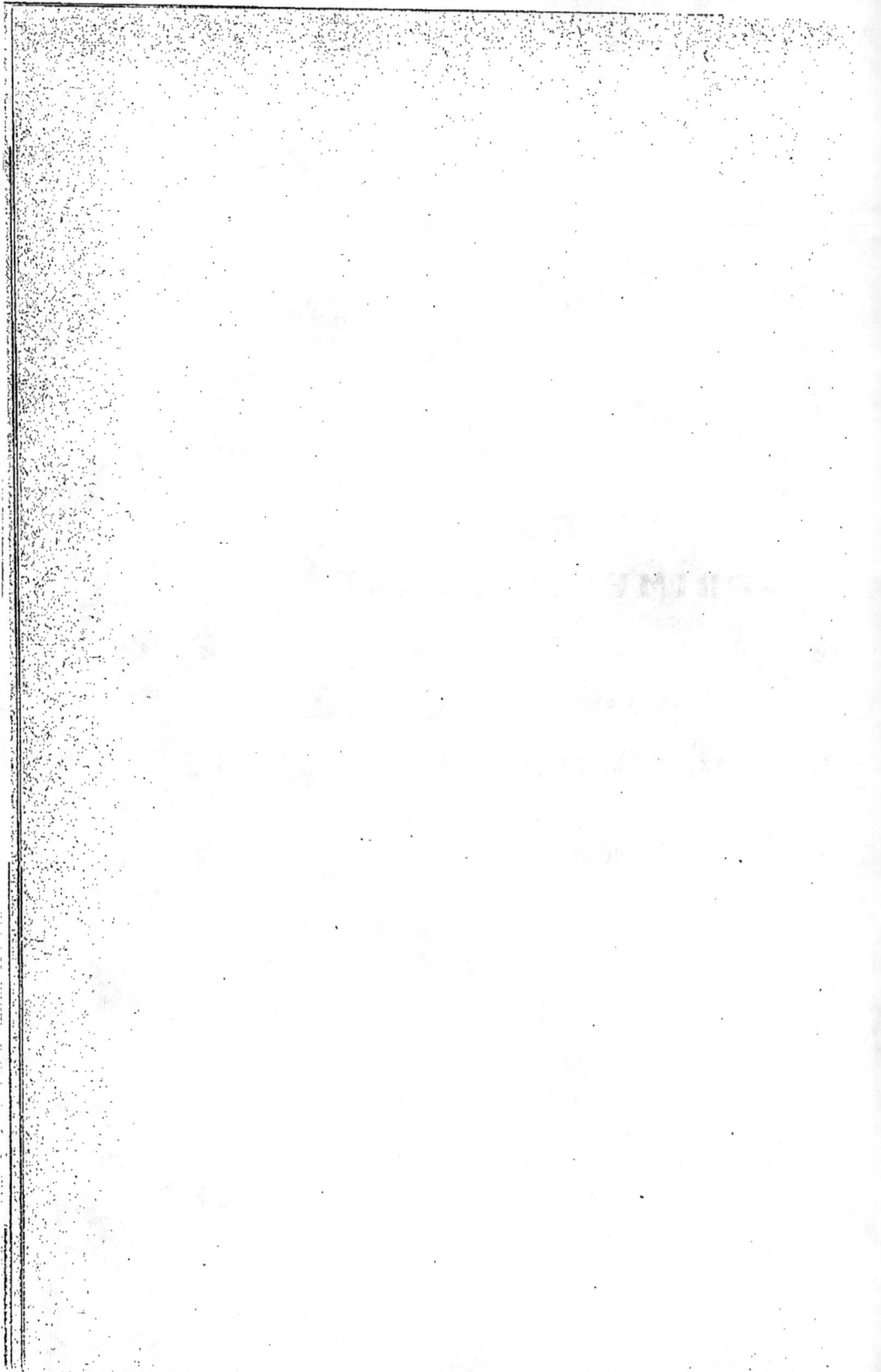

Représentants de la France, élevons nos âmes vers les héros qui combattent pour elle !

Depuis cinq mois, ils luttent pied à pied, offrant leur vie gaiement, à la française, pour tout sauver.

Jamais la France ne fut plus grande, jamais l'humanité ne monta plus haut. Soldats intrépides, joignant à leur naturelle bravoure le courage plus dur des longues patiences; chefs à la fois prudents et hardis, unis à leurs troupes par une mutuelle affection et dont le sang-froid, l'esprit d'organisation et la maîtrise ramenaient nos couleurs en Alsace, triomphaient sur la Marne et tenaient dans les Flandres (*Applaudissements unanimes*); saintes femmes, versant aux blessures leur tendresse; mères stoïques; enfants sublimes, martyrs de leur dévouement;

et tout ce peuple impassible sous la tempête, brûlant de la même foi : vit-on jamais en aucun temps, en aucun pays, plus magnifique explosion de vertus ? (*Vifs applaudissements sur tous les bancs*).

Il semble qu'en cette heure divine la Patrie ait réuni toutes les grandeurs de son histoire : vaillance de Jeanne la Lorraine et enthousiasme des guerres libératrices de la Révolution; modestie des généraux de la première République et confiance inébranlable de Gambetta; édit de Nantes éteignant les discordes civiles et nuit du 4 août effaçant les inégalités sociales. (*Nouveaux applaudissements unanimes et répétés.*)

Ah ! c'est que la France ne défend pas seulement sa terre, ses foyers, les tombeaux des aïeux, les souvenirs sacrés, les œuvres idéales de l'art et de la foi, et tout ce que son génie répand de grâce, de justice et de beauté, elle défend autre chose encore : le respect des traités (*Vifs applaudissements prolongés*), l'indépendance de l'Europe (*Nouveaux applaudissements*) et la liberté humaine. (*Applaudissements vifs et répétés.*) Oui, il s'agit de savoir si tout l'effort de la conscience, pendant les siècles, aboutira à son esclavage (*Vifs applaudissements*), si des millions d'hommes pourront être pris, livrés, parqués de l'autre côté d'une frontière et condamnés à se battre pour leurs conquérants et leurs maîtres, contre leur patrie, contre leur famille et contre leurs frères (*Tous les députés se lèvent et applaudissent*); il s'agit de savoir si la matière asservira l'esprit (*Très bien! très bien!*) et si le monde sera la proie sanglante de la violence. (*Applaudissements répétés.*)

Mais non! la politique, elle aussi, a ses lois immuables : chaque fois qu'une hégémonie a menacé l'Europe, une coalition s'est formée contre elle et a fini par la réduire. Or, l'empire allemand, qui s'est constitué au nom du principe des nationalités, l'a violé partout (*Vifs applaudissements*), en Pologne, en Danemark, en Alsace-Lorraine (*Nouveaux applaudissements*), et nos provinces immolées sont devenues le gage de ses conquêtes.

Et voici que l'Angleterre, visée au cœur, affronte les nécessités nouvelles de son destin et, avec le Canada, l'Australie et les Indes, poursuit à nos côtés, dans le plus vaste drame de l'histoire, sa glorieuse mission civilisatrice. (*Applaudissements unanimes.*) Voici que l'empire russe, à la voix de l'héroïque Serbie (*Vifs applaudissements*), se dresse, vengeur des opprimés, vainqueur prédestiné des ambitions germaines. (*Applaudissements.*) Voici que la Belgique (*Toute la Chambre se lève et applaudit longuement*), miracle d'énergie (*Cris de : Vive la Belgique !*), foyer d'honneur, offre à l'univers, sur ses ruines fumantes, l'exemple souverain de la grandeur morale. (*Tous les députés, debout, applaudissent longuement. — Nouveaux cris de : Vive la Belgique!*) Voici que le Japon, réparant les injustices commises envers les peuples d'Extrême-Orient, nous envoie l'heureux présage des délivrances nécessaires. (*Vifs applaudissements.*)

Le monde veut vivre enfin. L'Europe veut respirer. Les peuples entendent disposer librement d'eux-mêmes. (*Applaudissements prolongés.*)

Demain, après-demain, je ne sais! Mais ce qui est sûr — j'atteste nos morts! — c'est que tous, jusqu'au bout, nous ferons tout notre devoir, pour réaliser la pensée de notre race : le Droit prime la force! (*L'Assemblée se lève aux cris de : « Vive la France! » — Applaudissements vifs et prolongés et acclamations.*)

II

LA FRANCE
NE CÈDERA PAS

CHAMBRE DES DÉPUTÉS

Séance du 5 Août 1915

Extrait du *JOURNAL OFFICIEL*
du 6 Août

Un an a passé depuis le jour où l'ennemi, avant même de nous avoir déclaré la guerre, a violé notre territoire; un an plein d'une gloire si pure, qu'elle éclaire à jamais toute l'histoire du genre humain; un an d'où la France, la France de Jeanne d'Arc et de Valmy, sort, s'il se peut, encore plus grande.

Oui, un peuple surpris au milieu des travaux de la paix, peuple de héros et de saints, a brisé l'effort de la plus redoutable puissance militaire qui ait paru dans le monde et l'a forcée de se cacher sous terre. (*Vifs applaudissements.*) Et voici une guerre nouvelle, une guerre basse. (*Très bien! très bien!*) Soit ! Brève ou longue, la France, domptant son génie et changeant ses métho- des, l'accepte (*Applaudissements répétés*); chacun de ses soldats, devant les fils de fer sanglants, redit le mot de Jeanne : « Vous pouvez m'enchaîner, vous n'enchaînerez pas la fortune de la France ! » (*Vifs applaudis- sements*) et du fond de la tranchée fangeuse, il touche le sommet de la grandeur hu- maine. (*Vifs applaudissements.*)

Dois-je, en un tel moment et devant un tel peuple, parler de ses mandataires ? Oui, pour montrer, d'ici même, l'unité inébranla- ble de la nation. (*Très bien! très bien!*)

Après l'heure immortelle du 4 août 1914, où, saisie d'une émotion religieuse, cette Assemblée, image de la France, de la France éternelle, dans son fervent amour de la justice, dans son perpétuel et sublime élan vers l'idéal, fit le serment sacré que nous venons renouveler aujourd'hui, quelle fut son attitude et quelle fut son œuvre ?

D'août à la fin de décembre, la Chambre n'a point siégé. De janvier à mai, elle a voté les projets indispensables à la défense nationale. Puis, vous avez voulu connaître l'emploi des crédits que vous aviez votés. Vous avez voulu savoir, par l'organe de vos commissions, ce qu'il y avait de canons, de fusils, de munitions, d'hommes inoccupés ou mal occupés, et quels soins étaient donnés à nos blessés et à nos malades. Un jour, je l'espère, les travaux de vos commissions seront publiés *(Applaudissements répétés)* : le pays verra s'ils ont été inutiles et l'histoire impartiale dira les services que, dans cette crise, le Parlement a rendus à la France et à l'armée. *(Vifs applaudissements prolongés.)*

En attendant, restons calmes et fermes;

2

restons unis contre l'envahisseur, comme la nation elle-même. Ce peuple magnifique a prodigué son sang; il ne nous faut, à nous, que du caractère. (*Applaudissements.*) Jamais la mesure, jamais le sens des réalités ne furent plus nécessaires.

Il serait scélérat d'ôter par une parole, par un geste, la moindre parcelle de foi à ceux qui se battent avec un invincible courage. (*Applaudissements unanimes.*) Et il serait criminel de perdre une seule minute pour porter au maximum la puissance de leurs armes (*Vifs applaudissements sur tous les bancs*) et l'organisation industrielle de la guerre. (*Nouveaux appaudissements unanimes et répétés.*)

Écartons avec la même énergie les semeurs de paniques et les semeurs d'illusions. (*Applaudissements.*) Soyons des semeurs de confiance, de confiance raisonnée

(*Très bien! très bien!*) : car l'issue du con-
flit ne dépendra pas seulement des forces
matérielles, elle sera en définitive affaire de
volonté et de constance. (*Applaudissements.*)

Nous le jurons par nos martyrs et par nos
morts, dont le sang crierait contre nous si
nous n'achevions pas leur ouvrage (*Applaudissements unanimes et répétés — Tous les
députés se lèvent et crient : Vive la France !
Vive la République !*), la France, sûre de
ses alliés comme ils sont sûrs d'elle (*Vifs
applaudissements*), éprise de leur vaillance,
sourde aux insolentes menaces comme aux
suggestions perfides (*Applaudissements*), en-
visageant désormais la lutte dans toute son
étendue et dans toute sa durée et continuant
d'y offrir sa grande âme, la France qui a la
gloire suprême, après avoir proclamé les
droits de l'homme, de défendre les droits
des peuples (*Applaudissements répétés*), la

la France ne cédera pas. (*Tous les députés se lèvent et applaudissent longuement.*) Une fois de plus, elle chassera dans son aire le vautour qui la ronge. Il ne s'agit pas seulement de la vie, il s'agit de ce que toujours elle a préféré à la vie : l'honneur. (*Toute la Chambre se lève. — Applaudissements répétés et unanimes.*)

III

NOS DEVOIRS

Discours prononcé à l'Institut
AU NOM DE L'ACADÉMIE FRANÇAISE

Séance publique des cinq Académies
le 25 Octobre 1916

Messieurs,

Les Germains nous ont envahis plus de vingt fois, cinq fois depuis la Révolution. De là, pour nous, des devoirs essentiels, commandements de la patrie : rester unis; mieux connaître l'Allemagne ; faire mieux connaître la France ; ne plus oublier ; prévoir.

Rester unis

Ecoutons la voix des tranchées et des tombes : ce qui vient de là, c'est un cri d'amour. Jamais la famille française n'a été plus une. Les Français suivaient des chemins différents, ils se sont rejoints au

sommet. Même dévouement, même idéal.
Les héros qui affrontent la mort savent
qu'avant de s'éteindre, leur vie, flamme
brève, en allume une autre, immortelle. Et
l'ennemi ne comprend pas que ce qui nous
déchirait est ce qui nous unit : la passion
du droit.

France de Saint-Louis, de Jeanne
d'Arc, de Saint-Vincent de Paul, de Pas-
cal; France de Rabelais, de Descartes,
de Molière, de Voltaire; France des Croi-
sades et France de la Révolution, vous
nous êtes sacrées et vos fils sont égaux
dans nos cœurs comme ils le sont au péril.
Ceux qui ne découvrent pas la cime com-
mune sous le même rayon n'ont pas regardé
assez longtemps, ni assez loin.

Oui, cette sublime jeunesse va à la mort
comme à une vie plus haute. Cette vie
sera-t-elle demain celle de la patrie ? Le
grand silence de ces déserts pleins d'hom-

mes, où le canon parle seul, ne planera pas
toujours sur eux. La controverse est l'âme
du progrès. C'est parce qu'elle a manqué
à l'Allemagne que le monde est en feu.

Or, voyons les points vifs.

Je ne sais si cette expression : « lutte
des classes » répond encore à l'intention
de ceux qui l'employaient, depuis qu'en
1914 pas une voix ne s'est élevée en
Allemagne contre l'invasion de la Belgique
et de la France ; mais jamais on ne vit
plus clairement la grandeur de la pauvreté,
les devoirs de la richesse et que les âmes
ne se mesurent pas à la condition. Il y a
ce qu'on possède et il y a ce qu'on vaut,
et ces deux biens composent le patrimoine
d'un peuple. Les petites croix blanches
qui, de la Marne à la Seille et de la mer
ıx Vosges, marquent nos champs de ba-
taille, sont de terribles maîtresses d'éga-

galité : puissent-elles rapprocher les vivants !

Le même esprit doit nous conduire dans la question religieuse. Il ne suffit pas de dire : les gouvernements n'ont nulle autorité en matière de dogme, les religions n'ont nulle autorité en matière de gouvernement. L'Etat et l'Eglise, même séparés, se rencontrent en plusieurs domaines. Que partout l'esprit de sagesse écarte le fanatisme ! Ah ! chassons de notre langue ces vieux mots, faits pour de vieilles idées : intolérance, tolérance. Eh quoi ! avons-nous donc à nous tolérer, à nous souffrir les uns les autres ? Avons-nous donc à souffrir les uns des autres ? Non ! Ce n'est pas tolérance qu'il faut dire, c'est respect.

La pensée qui ne respecte pas la foi n'est pas une pensée vraiment libre; et la croyance qui porte atteinte à la liberté, au lieu d'augmenter son pouvoir, le perd. Qui

méprise les forces religieuses s'expose, en
politique, à d'étranges mécomptes; et qui
veut imposer une religion en altère la
source.

Si les vertus d'aujourd'hui sont encore
celles de demain, la France victorieuse
étonnera le monde par la rapidité de son
essor comme elle l'étonne par l'opiniâtreté
de sa résistance. Déjà nos ennemis prépa-
rent les œuvres de la paix comme ils
avaient préparé la guerre : autre assaut, non
moins âpre. Là aussi, nous devons concen-
trer nos efforts.

Et pourquoi, dans notre pays, les car-
rières sont-elles isolées ? Par exemple, une
des forces de l'Allemagne est l'accord des
universités et de l'armée, des professeurs
et des officiers. En France, ils demeurent
séparés. S'ils avaient travaillé ensemble,
les choses parfois eussent pris un autre
cours.

Mieux connaître
l'Allemagne

La guerre, qui a appris aux Français à se mieux connaître, leur apprendra-t-elle à mieux connaître l'Allemagne ? Depuis deux ans, toute une littérature s'y est ingéniée, un peu tard ! A chaque invasion nouvelle, la France se réveille et s'écrie : « Quoi ! C'est là l'Allemagne, l'Allemagne de Schiller et de Gœthe ! » L'ignorance des peuples les uns à l'égard des autres confond l'esprit : on dirait qu'ils habitent des astres différents.

C'est la terre qui fait l'homme. La Prusse — M. Lavisse nous l'a dit — est un Etat allemand fondé hors des frontiè-

res d'Allemagne. Sans frontières elle-
même, pour vivre elle devait attaquer.
Ou croître ou périr. Qui dit Prusse dit conquête.

L'Allemagne, pour se sauver de l'anar-
chie, a eu recours à la Prusse. La Prusse
l'a dressée. L'unité allemande a été faite
par la guerre et cimentée par la conquête.
De sorte que la force de l'Allemagne l'a
poussée aux mêmes actes que sa faiblesse.

Au fait elle a adapté une théorie : le
peuple élu, né pour commander aux autres.
L'Allemagne agit au nom de l'Eternel.
Elle doit exterminer le mal, et elle fait le
mal pour réaliser le bien. Chaque philoso-
phe, chaque historien ajoute à la doctrine
quelque formule nouvelle. Fichte avait dit :
« *allmann*, tout l'homme »; Hegel exige
pour l'Etat, « vénéré comme un Dieu »,
l'obéissance absolue et regarde la guerre
comme une nécessité morale; Treitschke

soutient que le plus haut devoir de l'Etat est de développer sa puissance, même au mépris des traités; Nietzsche préconise la sélection par la force et crée le « sur-homme »; Lamprecht invente l'Etat « tentaculaire » (d'où la loi Delbrück sur les naturalisations); et les généraux, de Clausewitz à Bernhardi, apprennent aux soldats que, plus la guerre sera féroce, plus elle sera humaine, parce que plus courte. Formidable arsenal de sophismes! Artillerie non moins redoutable que l'autre!

Universités, écoles, chaires de toutes confessions, administration, presse, livres (700 par an sur la guerre seule), poèmes, chants, réunions publiques, ligues agricoles, industrielles, coloniales versent dans le peuple l'idée, qui devient action. Tout est au service de l'Etat, tout sert à des fins nationales. L'armée, la flotte, la banque, l'usine, le comptoir concourent à la même

tâche. Le « Manifeste des intellectuels »,
qui nous a révoltés, est, en dépit de quelques réserves tardives, ce qu'enseigne toute
l'Allemagne pensante : enseignement né
des instincts profonds de la race et con-
forme à ses traditions séculaires, sauf aux
heures où elle a reçu la lumière de la
Grèce, de l'Italie et de la France.

Les historiens allemands sont des chefs
politiques. En même temps qu'ils commu-
nient avec le passé de la nation, ils en font
l'avenir. L'Allemand est un être histo-
rique. Il vit avec ses dieux et avec ses an-
cêtres. Il s'admire et il s'exalte en eux.
Hermann lui est aussi présent qu'Hinden-
burg. Verdun est, à ses yeux, la première
de nos forteresses, parce qu'il fait remon-
ter son existence distincte au traité qui a
partagé l'empire de Charlemagne. Toujours il se venge de Louis XIV et de Na-
poléon. Toujours la même lutte contre la

civilisation damnée des Latins, contre le monde de perdition. « Nous haïssons chez nos ennemis, disait Henri Heine, ce qu'il y a de plus essentiel, de plus intime : la pensée. » Et toujours les mêmes violences, les mêmes crimes, plus épouvantables, mais les mêmes.

1870 n'était qu'une étape. Tout l'indiquait : les harangues de l'empereur; l'approbation retentissante donnée par lui, en 1909, à l'étude du chef d'état-major général von Schlieffen, grand préparateur de la guerre de 1914 : » Le traité de Francfort n'est qu'une trêve » ; les discours et les écrits des chanceliers et des généraux, les provocations répétées, les lignes purement stratégiques vers le Luxembourg et la Belgique, les lois militaires de 1911, 1912, 1913, votées au milieu des acclamations du Reichstag, les livres scolaires. Tout était prêt; il ne fallait que l'occasion, le

prétexte. Un an avant l'ultimatum autri-
chien, Théodore Schiemann avait écrit :
« Pour avoir la guerre avec la France, il
suffit de lâcher l'Autriche sur la Serbie ».

L'invasion de la Belgique, les incendies
de Louvain et de Reims, l'assassinat de
miss Cavell, le torpillage des paquebots,
le meurtre de Jacquet, l'exécution du capi-
taine Fryatt, les populations civiles arra-
chées de nos contrées envahies, la levée en
masse de tous les professeurs de droit pour
justifier ces forfaits, montrent un peuple
pris de vertige, pareil aux hordes qui, sur
l'Yser, se ruaient en colonnes serrées, ivres
d'éther. On devine au-dessus de leurs têtes
les vierges sanglantes du Valhalla et les
divinités farouches de leurs impénétrables
forêts. « Laissez germer l'insolence, dit
Eschyle dans *Les Perses* : ce qui pousse,
c'est l'épi du crime; on récolte une moisson
de douleurs ».

Et maintenant, nous entendons répéter chaque jour : « Il faut détruire le militarisme allemand, la caste militaire prussienne. » Oui, sans doute; et même là-bas, les privilèges, les abus de cette caste ont excité des railleries, des protestations dans la presse, dans le roman, au théâtre, au Reichstag. Mais nous savons comment a fini l'affaire de Saverne. C'est l'armée qui a fait l'indépendance; c'est elle qui garantit la puissance et la richesse de l'empire. L'Allemagne en est fière, elle l'aime, elle en a le culte. Ses « intellectuels », plus au fait de ces choses que l'étranger qui juge autrui d'après soi, s'écrient : « Nous sommes indignés que les ennemis de l'Allemagne osent opposer la science allemande à ce qu'ils nomment le militarisme prussien. L'esprit de l'armée est le même que celui de la nation. »

La vérité est que, là comme ailleurs, le

sentiment national a été le plus fort; il a
tout emporté, rivalités de castes, de classes
et de confessions. Pour bien juger un peuple, il le faut tenir tout entier sous le re-
gard, comme l'aviateur qui, au-dessus de
la mer, voit les courants que nous ne voyons
pas.

Faire mieux connaître
la France

Si les Français doivent mieux connaître l'Allemagne, ils doivent aussi faire mieux connaître la France.

« Peuple usé ! » disait Bismarck. « Peuple dégénéré ! », a écrit Guillaume II.

« Peuple usé ! Peuple dégénéré ! » La France de Pasteur, de Berthelot, d'Henri Poincaré !

« Peuple usé ! Peuple dégénéré ! » La France de Renan et de Taine, qui, depuis quarante ans, dans tous les ordres, poésie, philosophie, histoire, théâtre, roman, critique, a aimanté les intelligences !

« Peuple usé ! Peuple dégénéré ! » Celui qui, dans le même temps, a produit des musiciens illustres et des pléiades de peintres, de sculpteurs, d'architectes, de graveurs, telles que le monde n'en avait pas admiré depuis la Renaissance !

« Peuple usé ! » Le peuple qui, entre les deux guerres, a créé le deuxième empire colonial du globe !

Et dites ! Dans quel pays, à quelle époque toutes les aspirations, tous les espoirs des hommes ont-ils rencontré plus fiers orateurs ?

Nos institutions ne devaient pas durer, et elles résistent au plus vaste bouleversement de tous les siècles !

La République ne pouvait pas conclure d'alliances, et jamais la France n'eut alliés plus nombreux, plus puissants !

Et voici qu'elle touche au point culminant. Oui, même après Marathon, Salamine et Platée, même après Valmy, Jemmapes et Fleurus, elle atteint la cime : car la civilisation athénienne était fondée sur l'esclavage et les armées de la Révolution étaient des armées restreintes, tandis qu'aujourd'hui c'est toute la France qui se bat, pour tous les hommes ! Par elle nous vivons la plus grande vie que les hommes aient jamais vécue, car qu'est-ce que la vie de l'humanité, sinon un accroissement de justice ?

En même temps que l'Allemagne nous calomniait, elle s'efforçait d'enfler son rôle et de prendre notre place. C'est toujours le tableau d'Overbeck à Francfort, *le Triomphe de la religion dans les arts*, et la fresque des *Ecoles de philosophie* à l'université de Bonn, d'où, seule, la France est absente.

L'Allemagne contemporaine prétend à la suprématie dans la science : or, la plupart du temps, elle n'invente pas, elle imite ;

elle utilise les découvertes des autres; là aussi, elle annexe. Nous n'avons rien à lui envier en mathématiques, en astronomie, en physique. Trop souvent nos chimistes se sont laissé dépouiller par elle. La France est toujours la première en médecine, en chirurgie, en physiologie. Elle est demeurée en botanique et en zoologie une initiatrice féconde. Les plus récentes inventions, télégraphie sans fil, automobilisme, aviation, sont filles de son génie.

Pour revendiquer ses titres, qu'a-t-elle fait ? Avant la guerre, à l'*Alliance française* à l'*Office des universités et grandes écoles*, par les instituts de Florence, de Madrid, de Pétrograd, de Londres, nous commencions à nous défendre. Depuis la guerre, on a improvisé d'excellentes œuvres de propagande, dont vous avez, mes chers confrères, pris vaillamment votre part. Qui mieux que vous peut diriger cette

campagne ? Il ne s'agit plus seulement de
« recueillir les découvertes », comme disait
la loi de l'an III, il faut les répandre. Nos
fondations, nos prix pourraient être orientés
en ce sens. Ainsi, l'Institut deviendrait
une arme. Déjà vous êtes allés, diplomates
de l'idée, en Amérique, en Angleterre,
en Russie, en Italie, en Espagne, en
Suisse, en Roumanie, en Suède, en Nor-
vège, au Danemark. Qui mieux que vous
peut faire connaître la France, son caractère, ses mœurs, sa famille tendrement
unie, ses femmes et ses enfants magnifiques,
notre vrai Paris, celui des Parisiens, si
différent de celui des étrangers, toute la
beauté de cette culture gréco-latine, qui a
imprégné notre race d'héroïsme et de
vertu ?

Oui, c'est ici une nouvelle croisade, où
nous devons mobiliser toutes nos forces.
C'est la lutte de deux esprits, l'un qui pré-

tend dominer ou absorber les consciences nationales, l'autre qui veut assurer le libre épanouissement des divers génies et pour qui la civilisation est l'œuvre collective des grands et des petits peuples.

A la fin, il en sera de ce rêve de dictature comme des autres rêves d'hégémonie. Au cours des siècles précédents, les plus grands empires se sont affaissés tour à tour comme des monuments gigantesques qui ne pouvaient porter leur hauteur. Cette fois encore, le droit public européen sera vengé. La force est au droit ce que le corps est à l'esprit : la vie circule dans le corps; mais c'est la pensée qui gouverne.

Ne plus oublier
Prévoir

Pour nous, Français, la protection de la frontière est l'affaire capitale. Tant que les armées allemandes seront à quelques journées de marche de Paris, comme elles l'ont été pendant quarante-trois ans, le monde ne sera pas tranquille. Or, c'est pitié d'évoquer aujourd'hui, à travers nos colères, celles de nos savants, de nos écrivains de 1870 contre le bombardement de la cathédrale et de la bibliothèque de Strasbourg, du Muséum, du Val de Grâce, de la Salpêtrière... Chaque fois que le vautour, dont l'ombre n'a cessé d'obscurcir la France, enfonce ses griffes dans notre chair, mêmes cris, mêmes imprécations et mêmes serments ! Hélas ! Quelques années après, les fils ne sentent plus la douleur des pères ;

le passé devient trop lourd ! « Générosité ! »
dit-on. Envers l'ennemi peut-être, envers
l'ennemi qui toujours s'arme davantage et
qui s'en vante, mais non envers ceux qui
ont péri, ni envers ceux qui, à cause de
cela, périront !

Messieurs, il y a seize ans, prenant place
sous cette Coupole, j'avais l'honneur de
vous dire : « Regardons les Balkans. Etu-
dions le bassin du Vardar. Le duel entre
les Germains et les Slaves est menaçant.
La France y sera entraînée. Soyons unis,
soyons prêts ! »

Et je rappelais cette pensée de mon pré-
décesseur Edouard Hervé qu'un jour peut-
être nous pourrions, sur le Danube, recon-
quérir le Rhin.

La France, alors, songeait à autre chose.
Comprendra-t-elle mieux le danger de
demain ? Verra-t-elle bien le péril que la
Prusse, maîtresse d'une Allemagne et

d'une Autriche-Hongrie même diminuées,
mais toujours soudées ensemble et formant
un bloc de cent millions d'hommes, ferait
courir à la paix ? Puisse la prévoyance de
notre peuple égaler son courage ! Et puisse
l'Europe se mettre en garde contre une
extension abusive de ce principe des nationalités que l'Allemagne invoque quand il la
sert et viole quand il la gêne et qui, appli-
qué dans toute sa rigueur, nous étranglerait
et ferait voler en éclats des nations telles
que la Suisse et la Belgique !

Demain, les enfants de nos écoles sau-
ront-ils mieux la guerre de 1914 que leurs
aînés ne savaient celle de 1870 ? L'éduca-
tion de la jeunesse, à tous les degrés, sera-
t-elle une perpétuelle préparation à la défense du pays ? Un peuple dont la vertu militaire décline est condamné à mort. Certes,
contre l'Allemagne nous continuerons à défendre l'arbitrage : n'eût-il empêché qu'une

guerre, il serait sacré; mais il suppose une sanction, donc une force. Cette force, tout ce qui ne veut pas subir le joug doit travailler à l'organiser. En attendant, pour garantir le droit, nous et nos alliés, ne faisons qu'un et restons forts.

Chaque année, l'Allemagne célèbre la fête de Sedan. Je demande que la France célèbre la mémorable journée du 4 août 1914, où fut scellé l'accord de tous ses enfants, et les rencontres immortelles de la Marne et de Verdun. La cathédrale de Reims, de ses bras sanglants, maudit à jamais le crime! L'oubli serait une trahison. Mais non! la France n'oubliera plus, elle ne peut plus oublier : à l'appel héroïque, ses morts se sont levés, ils sont debout, ils la regardent !

TABLE DES MATIERES

386. - Imp. Art. « Lux », 131, boul. St-Michel, Paris.

BLOUD & GAY, Éditeurs, 7, place Saint-Sulpice, Paris (6e)

" PAGES ACTUELLES "

1914-1917

Nouvelle collection de volumes in-16 — Prix : 0 fr. 60

386 — Imprimerie Artistique « Lux », 131, boulevard Saint-Michel, Paris

www.ingramcontent.com/pod-product-compliance
Lightning Source LLC
Chambersburg PA
CBHW060740280326
41934CB00010B/2289